केशव की कलम से

केशव के गीत और ग़ज़लें

इंद्रजीत सिंह ढाका (केशव)

/ BookLeaf
Publishing

India | USA | UK

Made with ❤ on the BookLeaf Publishing Platform

www.bookleafpub.in

www.bookleafpub.com

Dedication

यह गीत/ग़ज़ल संग्रह मैं अपने जीवन में आए हर उस शख्स को समर्पित करता हूं, जिसने परोक्ष या अपरोक्ष रूप से मेरे जीवन में अपने साथ, स्नेह, अपनेपन, सम्मान और मार्गदर्शन से मुझे अनुगृहीत किया।

Preface

यह गीत/ग़ज़ल संग्रह मेरे जीवन में उम्र के अनेक पड़ावों में विभिन्न अवसरों पर आए उतार-चढ़ाव के परिणामस्वरूप मेरे मन मस्तिष्क में आए खुशी, ग़म, अल्हाद, अवसाद, और मिश्रित भावनाओं का समावेश है।

Acknowledgements

मैंने अपने जीवन के हर तरह के सुख, दुख, दर्द, विचार, दर्शन अनेक कविताओं, गीतों और ग़ज़लों के माध्यम से शब्दों में पिरोकर आपके सामने प्रस्तुत किया है। उम्मीद करता हूं कि मेरे शब्द आपके अंतर्मन को छूने में कामयाब होंगे। आपके स्नेह और आशीर्वाद का आकांक्षी। सादर।

1. ख्वाहिश

वो वक़्त
कि जब हम तनहा थे
ख़यालों में इक तस्वीर लिए
इक चेहरा; ख़ूबसूरत सा
कुछ बेहद अपना सा
कुछ भी न था सिवा इसके
बस यही थी एक ख़्वाहिश
अधूरी सी।

वो दौर
कि जब दिल आबाद था
ज़िगर था ऊँची उड़ानों पर
तन्हाई से होकर परेशां
नज़रें बिछाई हमने
कि आये नज़र कोई, जो हो सबसे जुदा
मग़र पथराई पल्कों में वो ख़्वाहिश
अब भी अधूरी थी।

वो मक़ाम
कि जब दिल विरान है

ज़िन्दगी को कुछ ज़ख़्म मिले ऐसे
कि तन्हाई हुई सबसे अजीज़
पलट कर जो देखूं
याद आती है जो हो ना सकी पूरी
आज़ भी है वो ख़्वाहिश
अधूरी की अधूरी।

2. सवालों में,,,,,,तुम।

हवाओं से पूछूँ कि घटाओं से,
मधुरस से महकी फ़िज़ाओं से
भँवरों से पूछूँ मैं मदहोश होकर
या कि पूछूँ मैं मदमस्त लताओं से
तुम हो कौन, क्या हो, क्यूँ मिल गई हो ?
बन के ग़ुलाब मेरी सूनी बगिया में खिल गई हो
ख़्वाबों की ताबीर लगती हो क्यूँकर ?
पास आती हो बरबस कि बाँछें खिल गई हो
आसमां के सितारे तेरी आँखों में बसते,
शामों का लिबास तेरी जुल्फों में रमता
सवालों के दायरे में सिमटता "केशव"
तन्हाई से हो रुख़्सत; तेरे क़दमों में थमता !

3. ख़्वाब

तन्हा रहता हूँ अक्सर मैं, साथ होती है ख़ामोशी मेरी
खुली आँखों के ख़्वाबों मैं, नज़र आता है हमसफ़र कोई
सोचता हूँ मैं,कौन है यह अपना गुमसुम अज़नबी
ना हो काशिद तो क्या हुआ, अपना है सितमगर ही सही !

बेख़ुदी में जो तस्वीर; नज़र आती है मुझे
ख़याल आता है होश में आकर, कि अब वो सुहाना मंज़र नहीं
बेबस मज़बूर सह जाता हूँ इस हक़ीक़त को मैं
कि दूर तलक है हमनफ़स मेरा,मैं इस से बेख़बर नहीं !

क्यूँ देते हैं न जाने; नर्म अहसास यह ख़यालात मेरे
ना मिले चाहे सर्द रातें मुझको; तपती हुई दोपहर ही सही
शायद यही मंजूर है तक़दीर को कि यूँही तन्हा रहे 'सागर'
तसव्वुर की उम्मीद है मगर,खुदा का कर्म-ओ-मेहर नहीं !

4. चाहत

दूर कहीं इक आसमाँ के नीचे
इक जहाँ नया सा बसता हो
छोटा सा घरोंदा हो अपना भी,
जहाँ स्नेह का नीर बरसता हो।

ओस की नन्ही मासूम बूँदे
अभिनव कलियों पर जमी हुई;
वो वृक्षों का झूलन,महकती हवाएँ
वो खुशबू घटाओं में रमी हुईं।

वो पानी की कलकल,विहंगों का कलरव
मवेशी चरागाहों में चरते हुए
वो मन को हर्षाती मंजुल गोरियाँ
पनघट पर पानी भरते हुए।

मोती उगलती पावन धरती
जननी ममता का अंचल लिए
बस वही धरती, सृष्टि कुछ ऐसी ही
स्वप्न चाहत के चँचल लिए।

5. तलाश-ए-ज़िन्दगी

ढूंढता हर कहीं ज़िन्दगी दोस्तों,
खो गई है मेरी हर खुशी दोस्तों
मेरा प्यार, मेरे ख़्वाब, मंज़िलें रास्ते;
खो गए; बुझ गई रोशनी दोस्तों।
ढूंढता हर कहीं,,,,,,,,

कुछ नहीं था मेरे पास एक दिल के सिवा,
वो भी धोखा खा गया; बेवफ़ा से जा मिला
मिटते परवानों ने मुझको रोका मग़र;
जल गया; करनी थी खुदकुशी दोस्तों
ढूंढ़ता हर कहीं,,,,,,,,,,

मैंने ख़्वाब सजाया था जिसके लिए;
महल सपनों का मैंने बनाया था,
मखमली चादरें ना मिलीं थीं मग़र;
अपनी बाहों में उसको सुलाया था,
उसने ही मेरे जज़्बातों से खेलकर;
बख़्श दी मौत सी ज़िन्दगी दोस्तों।
मेरा प्यार, मेरे ख़्वाब,,,,,,,,,,
ढूंढता हर कहीं,,,,,,,,,,

6. मोमबत्तियां

जल रहे हैं हाथ मेरे; मोमबत्तियां पकड़ पकड़ कर,
खोलने लगा है खून रगों में अब तो उमड़ घुमड़ कर।
जमींदोज हो चुकी इंसानियत; खौफ किसी का रहा नहीं,
शर्म हया सब दफा हुई, जमीर किसी का बचा नहीं !

हवस में लिपटे कुछ भूखे भेड़िए, गली-गली मंडराते है;
गीता कुरान में पढ़ा नहीं, ये लोग कहां से आते हैं ?
आदमी ने खुद के लिए यह कैसा बनाया जहां है;
जिन्हें नाज़ है हिंद पर वो कहां हैं ?!

निर्भया गुड़िया आसिफा ट्विंकल शालू
कब तक और कितनी मोमबत्तियां पिघलेंगी,
दौर ए आदमीयत में क्या मां बहन बेटियां
अब घर से भी ना निकलेंगी !
जीने का अधिकार उसे भी,
क्यों दुश्मन दुनिया सारी है;
बेटी बचाओ, बेटी पढ़ाओ;
क्या महज़ काग़ाज़ों में ही जारी है?

धर्म, मजहब, ईमान नहीं, उन पर ऐसी कयामत आएगी;

7

उसने चंडी का रूप धरा तो, सारी जमीन कम पड़ जाएगी !
मत करो रे जुल्म इक अबला पर,
मानवता को ना शर्मसार करो;
"केशव" जिंदा जला डालो जालिमों को,
इस धरती पर उपकार करो,
इस धरती पर उपकार करो !!

7. कौन हो तुम?

क्या रिश्ता है तेरा मेरा, तुमसे मेरा क्या वास्ता है ?
तेरी नज़र क्यूँ मुझपे रहती;
चुपके से तुमको मैं देखता क्यूँ ?
सुरमई आँखों वाली सुन लो, इतना बता दो तुम
कौन हो तुम, कौन हो तुम ?

पलकेँ झुकाये ख़ामोशी से; दिल में दस्तक दी तुमने,
बिन पूछे ही मन मंदिर में; ऐसे आहट की तुमने
बात है कुछ या कुछ भी नहीं है; अब तो जता दो तुम
कौन हो तुम, कौन हो तुम ?

शोर भरे मेरे शहर में; इक सुन्दर सा गांव बनकर,
तपती दुपहर में तुम आई; जैसे ठंडी छाँव बनकर
माफ करना ग़र हो जाए; मेरी खता को तुम
कौन हो तुम, कौन हो तुम ?

पहली दफ़ा जीता हूँ मैं भी; वरना जमाना जीत रहा था,
साँझ सवेरे होने लगे अब; वरना वक्त तो बीत रहा था
छोड़के तुमको जाना नहीं चाहे; जितना सता लो तुम
कौन हो तुम, कौन हो तुम ?

8. मुझे तुमसे प्यार है।

मुझे तुमसे प्यार है, प्यार है तुमसे मुझे, तुमसे मुझे प्यार है
तुँही मेरी ज़िन्दगी, तुँही जीने की वजह, तुँही मेरा यार है
मुझे तुमसे प्यार है, प्यार है तुमसे मुझे, तुमसे मुझे प्यार है।

मौसम तो पहले भी आते थे; चंदा तारे यूंही टिमटिमाते थे
मैं ना जाना लौ पर पतंगे क्यूँ;
और फूलों पर भंवर गुनगुनाते थे
अहसास तुमने दिया है,
तुम ही ज़िंदा रखोगी, मुझे एतबार है
तुँही मेरी ज़िन्दगी,,,,,,,,,, मुझे तुमसे प्यार है,,,,,,,,,

जाने क्या अच्छा हुआ है; जाने क्यूँ अच्छा लग रहा है
शिकवा नहीं है किसी से: हर कोई अच्छा लग रहा है।
ख़ुशी हो या ग़म हो साथी
हर घड़ी दिल को मेरे तेरा इंतज़ार है
तुँही मेरी ज़िन्दगी,,,,,,,,,, मुझे तुमसे प्यार है,,,,,,,,,

वक़्त नाराज़ है पहले ही; तुम नाराज़ ना हो जाना साथी
कहने को अपना नहीं है कोई; तुम तो मुझे अपनाना साथी
ख़ता कोई कर बैठूं तो मुझे बतलाना साथी,

तुम्हें इख्तियार है
तुँही मेरी ज़िन्दगी,,,,,,,,,, मुझे तुमसे प्यार है,,,,,,,,,

9. कलम टूट सी जाती है!

हाथ में पत्थर, आंख में आंसू, सिर पे चोट गहराती है
प्रेम भाव सब ख़त्म हुआ, नफ़रत हरसू लहराती है।
लिखा सुना बहुत दफा, अब बात समझ ना आती है;
चमन के ये हालात देख कर कलम टूट सी जाती है।

भाई-भतीजा, जाति-पांति और आरक्षण का नारा है,
अपनी ही माँ को बेटो ने चहूं ओर से मारा है।
सदियों से सींची धानी चुनर अब तार तार हो जाती है;
चमन के ये हालात देख कर कलम टूट सी जाती है।

सीमा पर खड़ा जवान सोचता, किस पर गोली चलाऊं,
बाहर दुश्मन, घर में दुश्मन, माँ को कैसे बचाऊं।
गद्दारों की बातें आंखों में शूलें सी चुभाती है;
चमन के ये हालात देख कर कलम टूट सी जाती है।

बेटी करती पुकार कोख में, मुझको ना मारो माँ
मुझे भी हक़ है, मैं भी देखूं, तेरा ये सुनहरा जहाँ।
कहां छुपाऊं तुझको बिटिया; रूह मेरी घबराती है;
चमन के ये हालात देख कर कलम टूट सी जाती है।

लूट-खसोट, चोरी-जारी और व्यभिचार का डंका,
सोने की चिड़िया कहलाने वाली, बनी सोने की लंका।
कितनी देर लगा दी बेटा; माँ फोन पर सिहराती है;
चमन के ये हालात देख कर कलम टूट सी जाती है।

समय प्रबल है आया बंधू, अब तो सम्भल जाएं,
माफ़ी मांगें मातृभूमि से, मिलकर देश बचाएं।
दु:खी हृदय से कहता 'केशव', अविरत हुक सी आती है;
चमन के ये हालात देख कर कलम टूट सी जाती है।

10. भीतर उतना सरल नहीं है।

बाहर से जो दिख रहा है;
भीतर उतना सरल नहीं है।
पल पल हमनें घूंटा ना हो;
ऐसा कोई ग़रल नहीं है।
अनचाहे लोगों से मिलना;
चाहें जिनको ख़्वाब फ़खत है।
बिखरापन नीयत हो जैसे;
कुछ भी तो अविरल नहीं है।
सूखे दरख़्त पर बिरखा क्यूँ;
जब मोह हमें रीतेपन से है।
अंदर से कुछ और ही हैं जो;
बाहर से अपनेपन से हैं।
चोट लगे या टूट के बिखरूं;
सच का दामन थाम के निखरूं।
अभी करेज़ा पस्त ना हुआ;
जीवन का अभी हरल नहीं है।
बाहर से जो दिख रहा है;
भीतर उतना सरल नहीं है।

11. जी चाहता है।

पहलू में आकर, सर को झुकाकर
आँखों के रस्ते, दिल में समाकर
आहिस्ता आहिस्ता, धीमे धीमे से
बाहों में भरकर, तुझमें समाने को
जी चाहता है, जी चाहता है।

कुछ मैं कहूँ, कुछ तुम सुनाओ
मैं गीत गाऊँ; तुम गुनगुनाओ
तेरी जुल्फों की नर्म घटाओं में
आँचल लगे जैसे मैं हूँ फिज़ाओं में
दीवाना कर दो तुम; बस हामी भर दो तुम
दिल दे दिया है; अब जान देने को
जी चाहता है, जी चाहता है।

इक राजा इक रानी थी, सुनी इक कहानी थी
दोनों की चाहत की बात हर जुबानी थी
तन्हा ना चलते थे; एक दूजे पर मरते थे
साथ साथ चलते थे; जिस रस्ते गुजरते थे
चलो हम भी दोहराएं, क्यूँ ना कुछ कर जाएं

साथ साथ जी लें और साथ साथ मर जाएं
मैं राजा रानी तूं, मैं आशिक़ दीवानी तूं
सबको बताने को; कहानी बनाने को
जी चाहता है, जी चाहता है।

12. कभी कभी

शाम सवेरे, रात अंधेरे,
तन्हाई में, महफिल में
शोर में, खामोशी में
राहत में, बेबसी में
खयालों के समंदर में,
वीराँ पड़े मन मंदर में
यूँही चलते चलते जाने क्यूँ;
याद आ जाती है तुम्हारी,,,,,,,,,,कभी कभी।

जब जिक्र होता है कहीं वफ़ा का,
होड़ लगती है कहीं हुस्न की,
कोई कहता है कि देखो चांद उतरा,
या ग़ज़ल में किसी की श्रृंगार उतरा,
इस सुनने सुनाने के दरमियाँ,
जब वो कहते हैं कि तुम भी कुछ कहो;
बात आ जाती है तुम्हारी,,,,,,,,,,कभी कभी।

तुम हो यहीं कहीं मेरे आस पास,
महसूस करता हूं मैं अक्सर

एक वक्त था जब तमाम ख़्वाब थे तुमसे,
एक आज है; तुम चली गई हो बस ख़्वाबों में रहकर
तुम नहीं हो कहीं, यह जानता हूं मैं;
मग़र दिल को कैसे समझाऊं,
जीना मुश्किल है तुम बिन
यह सोच कर दिन गुजारूं;
तभी रात आ जाती है तुम्हारी,,,,,,,,,,कभी कभी।

13. एक मैं, एक तुम, और यह सफ़र

एक बार फिर वक़्त रुक चला है
अक्स देख अपना फिर से; आईना कह रहा है
हां कुछ तो बात है, हर ग़म परे से लगते हैं;
सूखे दरख़्त पर आज कल, कुछ पत्ते हरे से लगते हैं।
जीने की तमन्ना फिर से अब आने लगी नज़र;
एक मैं, एक तुम, और यह सफ़र।

कल भी मैं था, आज भी मैं हूँ, कोई तो नई बात नहीं,
रीतापन क्यूँ चुभने लगा; जब कोई मेरे साथ नहीं
ख़्वाब हो तुम, नींद खुली तो आंखों से ओझल हो जाओगी,
कभी क्यूँ लगता है हमनफ़स बन
जीवन भर साथ निभाओगी
क्या हो गया है, क्या होने वाला है; पल पल लगता है डर;
एक मैं, एक तुम, और यह सफ़र।

कौन हो तुम, बिन दस्तक दिए जो दिल में आ गई हो
कल तक सिर्फ़ ख़यालों में थीं; रग रग में छा गई हो
शीरी, सोहनी, हीर, लैला; कितने तेरे नाम

तेरे रूप में खोया "केशव" झुक झुक करे सलाम
कुछ ना माँगूं सिवा चाहत के; इतनी कर दो महर,
एक मैं, एक तुम, और यह सफ़र।

14. कुछ दर्द अभी तो बाकी है।

ए दिल अभी क्या रोता है इतना,
कुछ दर्द अभी तो बाकी है;
बस खून रुका है ज़ख्मों से,
पर घाव अभी तो बाकी है।
क्यूँ खुश होता है तूं कुछ भी पाकर,
जब सबकुछ लौटाना बाकी है;
गैरों से सुनते क्या उम्र गुजरी तो,
अपनों के ख़ंजर तो बाकी है।
जीवन की दुपहर बड़ी लंबी हुई,
अब साँझ कितनी सी बाकी है;
सबको मनाते फ़ना हो चला है,
बस अब तेरा रूठना बाकी है।
बड़ी तसल्ली देता तूं खुद को,
किस पर एतबार तेरा बाकी है;
ओ हाड़ मांस के बेसुध पंजर,
महज दम निकलना बाकी है।

15. गौरी

जिसके बिना तन्हा रहे,
अपने ग़म हमने जिसको कहे,
तेरी चाह में, आरज़ू में तेरी;
ख्वाहिशें सारी फलती थी मेरी,
मिलता रहा हर हाल में जिस से सनम चोरी चोरी;
वो तुम हो, तुम्हीं हो, तुम्हीं हो मेरी गौरी।

मुहब्बत की जमीं पड़ी थी बंजर की तरह,
जमाने के ताने चुभे थे ख़ंजर की तरह
खुशबुओं की हविश में बढ़ते चले थे हम,
साथी ऐसे मिले कि सोचा तन्हा भले थे हम
ऐसे में देखा इक गुलशन; जहां बैठी थी चकोरी;
वो तुम हो, तुम्हीं हो, तुम्हीं हो मेरी गौरी।

बादल की ऋतुओं में सर्द हवाएं मिली,
जिसकी अंजुमन में उजड़ी फिजाएं खिलीं,
नज़रों की गिरफ्त में ख़यालो की हलचल,
खूबसूरत, मासूम, सवालों सी चंचल
सुनाती है मुझको जो सरगम की लोरी
वो तुम हो, तुम्हीं हो, तुम्हीं हो मेरी गौरी।

16. तन्हा

तन्हा हूँ मैं कोई आ जाओ,
ना चाहो मुझे बस सता जाओ
क्यूंकि कोई नहीं है दूर तलक;
ना चाहने वाला, ना सताने वाला
नफ़रत भरे दो लफ़्ज़ कहकर;
ज़िन्दा हूँ मैं, यह बता जाओ।

कोई आवाज सुनकर, जो देखूं पलट कर
पुकारूं है कौन? मग़र कोई नहीं है
दरवाजे पर दस्तक सुनूं; दौड़ा जाऊं
सहसा चौंकूं कहां खत; जब घर ही नहीं है।

अनजाना शहर, अनजाना सफ़र,
मंज़िल कहां रास्ता भी गुम है,
अजनबी चेहरों की भीड़ हरसू;
अपनों से तो अब वास्ता ही गुम है।
ये दर्द क्या है, किसने दिया है?
खुद ने ही खुद को दर बदर कर लिया है

मेरा एक घर है,

अपने लोग, अपना शहर है,
मेरी इल्तज़ा के मुताबिक;
होते वहां शामो सहर है,
मेरी माँ, मेरे बाबा
और बहुत से अपने हैं,
मुझको लेकर देखे सबने;
बचपन से ही सपने हैं,
छूट गई वो ममता भरी गोद,
जिसमें था बस बेखबर सोना;
तन्हा होकर मैंने जाना, क्या होता है घर;
क्या होता है बेघर होना।

17. तुम बिन

रफ़्ता रफ़्ता किश्तों में चुक रही है ज़िन्दगी,
लम्हा लम्हा ख़ौफ़ है, रुक रही है ज़िन्दगी।
अंधेरों के साए में "ओ" ग़मों के आगोश में;
मौत तो ख़ाक हुई, अब बुझ रही है ज़िन्दगी।

तूफां से गुज़रे हैं हम, आंधी से टकराए हैं,
मौत का सैलाब आया, तो सामना कर पाए हैं,
इंतहा दर्दे ज़िगर सहे, आग में सुलगे मग़र;
कुछ ज़ख्म ऐसे मिले कि झुक रही है ज़िन्दगी।

अरमां लिए बैठा था मैं, कि तेरे साथ मैं गुजार लूंगा,
कुछ अपने ग़म तुझे देकर, तुझसे खुशियां उधार लूंगा,
जानता था मैं कि तुम बिन कुछ भी नहीं है "केशव";
दास्तां तमाम हुई, अब घुट रही है ज़िन्दगी।

18. हमें मंजूर नहीं!

जो खुदा ने दिया हमको, हमें मंजूर नहीं,
यूं तो सबकुछ है ज़िन्दगी में; आंखों का नूर नहीं
जो खुदा ने दिया हमको,,,,,,

हमनें मांगी थी किसी अपने की मुहब्बत तुमसे,
हमनें चाहा कि कोई प्यार करे इन्तहा हमसे;
क्यूँ दिया वो सब जिसकी हमें आरज़ू ही नहीं
यूं तो सबकुछ है ज़िन्दगी में,,,,,
जो खुदा ने दिया हमको,,,,,,

मुस्कुराना किसे कहते हैं, भूल गए हम तो,
रोते रहते हैं ग़मे इश्क़ में हरदम हम तो
अब तो आलम है कि सूखे कभी आंसू ही नहीं
यूं तो सबकुछ है ज़िन्दगी में,,,,,,
जो खुदा ने दिया हमको,,,,,,,,

19. डर लगता है,,,!!

जननी हूँ मैं, पालन कर्ता हूँ, दुःख हर्ता हूँ
कहते हैं कि माता हूँ मैं सबकी; भारत माता।
पालती हूँ, पोषती हूँ, सींचती हूँ,
कहते हैं कि बहुत बलशाली हूँ मैं
फिर भी जाने क्यूँ आजकल;
डर लगता है!

ग़र मैं सिर्फ़ भारत माता होती तो इतना ना डरती
सभी तो हैं मुझे बचाने वाले; मेरे अपने बच्चे।
लेकिन मैं सिर्फ़ भारत माता कहां रही अब?
अब तो मैं हिन्दू हूँ, मुसलमान हूँ, सवर्ण हूँ, दलित हूँ।
जिस्म के अपने ही हिस्से से, खुद को खुद से ही;
डर लगता है!

मैं तीन बरस की बच्ची हूँ, मैं आठ बरस की किशोर हूँ,
मैं आठ बरस की युवा हूँ, मैं अस्सी बरस की प्रौढ हूँ,
माँ भी हूँ, बहन भी, बेटी भी हूँ, सखी भी,
घर में, बाजार में, दफ़्तर में, हर काम में,
डरी हूँ, सहमी हूँ, हर इक नज़र से जाने क्यूँ;
डर लगता है!

27

मार-काट, दंगा-फसाद से विक्षिप्त हो गई हूँ,
राजनीति का पतन देख कर क्षत विक्षत हो गई हूँ।
देशभक्ति की किताब को दीमक कुतरने लगी है,
ग़ैर मुल्कों के हौसले देख सांसे सहमने लगी है,
उम्मीद है बदलेगी फ़िज़ा फिर भी जाने क्या होगा यह सोच;
डर लगता है!

20. दर्द-ए-ज़िन्दगी

एक सोच एक विचार गहराता जा रहा है,
ज़िन्दगी पर मौत का परचम; लहराता जा रहा है।
एक दर्द है, एक ज़ख्म है, होड़ मची है दोनों में;
दम घोंट रहा है, ख़ून में ज़हरता ला रहा है।

कुछ भी अच्छा नहीं है, क्यूँ नहीं है अच्छा कुछ भी,
गर ठीक है सब तो ग़म कैसा; खुद पर ही ये सितम कैसा,
उठ गया है मन जीने से, या इश्क़ हुआ है मौत से,
जाने क्यूँ सांसें मंद है; सारा बदन सिहरता जा रहा है।

किस से शिकायत करूं, शिकवा है ही नहीं किसी से,
किसने क्या बिगाड़ा है मेरा, ख़फ़ा हूँ मैं तो आप ही से,
मंज़िल मिली नहीं, भटक चुका रास्ता भी अब तो,
उम्र कैसे बीतेगी ऐसे; जब पल पल कहर सा ढा रहा है।

बीता लड़कपन नादानियों में,
समंदर-ए-इश्क़ में जवानी बह गई,
ना डूबा ही पाई ना संभलने दिया;
फ़खत मझधार में लाकर रह गई।
दिन गुजरता है; दस्तूरे ज़िन्दगी है,

29

शाम खौफ़ में, रात कुछ इस तरह;
इस रात की कभी सुबह ना हो,
यही इरादा दिल में संवरता जा रहा है।

21. आरज़ू

बस यही आरज़ू रह गई है बाकी
कि लड़खड़ाते हों कदम, बहके हुए हों हम,
गुजरें तेरी गलियों से, कांटों से तो कभी कलियों से,
नज़र आए तूं बाल बनाती हुई;
हंसती कभी, कभी शर्माती हुई,
गुजरते तेरी गलियों से; ज़िन्दगी गुज़र जाए,
यूँही तेरे कूचे पे इक दिन दुनियां से गुज़र जाएं,
जां तेरे क़दमों पे निकल जाए साकी,
बस यही आरज़ू रह गई है बाकी।

22. शायरियां

मगर वो बात नहीं

सबकुछ मिला है ज़िन्दगी में, मग़र वो बात नहीं,
किसी नूर का उजाला हो, मेरे हिस्से में वो रात नहीं।

ज़िन्दा

सांसें चल रही है मग़र उखड़ी हुई सी
नब्ज़ों में हरक़त है मग़र कुछ धीमी सी
आँखें खुली हुईं हैं मगर पथराई सी
ज़िस्म में गर्मी भी है मग़र अलसाई सी
फिर यह शोर सराबा कैसा, लगता कुछ मातम सा है
गुज़र गया ए दोस्त; या कि ज़िन्दा हूँ मैं?

आज इल्म हुआ

जिसकी दस्तक से सांसें मंद और धड़कन तेज हो जाती
आज इल्म हुआ कि जालिम वो तुम्हीं हो।

प्रीत एक मोहन से

प्रीत एक मोहन से;

बाकी सब जग रीता का रीता,
राधे मन बसाए हैं;
दिल में बस राम और सीता,
झूठी दुनियां, झूठे रिश्ते;
कोई नहीं मन मेरा जीता,
सांसें चलती है बस पर;
पल पल जाऊं मैं बीता।

कूचा-ए-महबूब
जिस डगर से गुजरते कदम लड़खड़ाए,
ज़िगर हो बैचेन; दिल बेरोक धड़कता है,
सांसें हों सहसा तेज, तो कभी उखड़ जाए;
हां वही है वो गली जहां महबूब रहता है।

मौत
ज़िन्दगी तो मौत की तरह गुज़र रही है यारों;
अब जो मौत आ जाती तो जी लेता मैं भी।